A cura di Hermann Gils

Indice

Introduzione

In questo libro non ti insegnerò come fare musica, ma ti elencherò le strategie per trovare la tua musica e renderla unica e originale. Ti spiegherò come fare in modo che i tuoi testi siano di qualità e profondi, e, soprattutto, difficili da dimenticare.

All'interno di ogni canzone vanno messi cuore e anima. Senza di essi una canzone non lascia il segno all'ascoltatore, a meno che non abbia una melodia fuori dal comune.

Qui troverai una guida per dare tutto te stesso in ogni brano che scriverai.

Struttura del testo

Una bella storia

Una bella storia è fatta di conflitto, evoluzione e progresso. Il conflitto è il problema, l'evoluzione è il suo proseguimento, il progresso è l'esito della storia.

Esempio: racconto un'infanzia difficile (conflitto), l'uomo/la donna che sono diventato/a (evoluzione) e la lezione che ho imparato dalla mia storia (progresso).

La canzone deve avere questi elementi racchiusi in poche frasi, la sua durata deve essere inferiore ai 3 minuti.

Non tutte le canzoni hanno queste caratteristiche, ce ne sono alcune molto melodiche fatte con lo scopo di divertire e far allontanare la mente dalla vita reale.

Titolo

Scegliere un titolo che esprime curiosità e che rappresenta l'idea che si vuole trasmettere.

Genere letterario

La scelta del genere letterario è la più difficile a volte. Una canzone narrativa o poetica deve avere parole semplici e non banali, che provochino emozioni, sorrisi e che facciano riflettere.

Riff

È un gioco di strumenti sincronizzati assieme, che si presenta con frequenza all'interno di un brano. A volte un buon riff può rendere il brano più elegante ed armonioso.

Strofa

È un insieme di frasi che esprimono idea, cuore e anima.
Ci possono essere 6 o 4 frasi prima dell'entrata del
ritornello.

Ritornello

Il ritornello deve essere facile da cantare e da ricordare.

Bridge

È un ponte che collega una sessione del brano all'altra.
Può essere solo strumentale o può contenere un leggero
contrasto vocale per dare un tocco elegante al brano.

Melodia

La melodia deve essere orecchiabile, intrigante ed
originale.

Se l'autore della canzone è anche compositore, il lavoro diventa più facile; in caso contrario l'autore si deve affidare ad un compositore che sente la musica nel suo stesso modo.

La produzione

La produzione della propria canzone va sempre affidata a dei professionisti del genere musicale scelto

Interpretazione ed emozione

Un brano di successo va interpretato con una voce che coincide con il genere musicale scelto. Per un brano soul o pop, per esempio, serve una voce che crei emozioni e che abbia la capacità di far immergere l'ascoltatore nel brano, che lo invogli a continuare ad ascoltarlo e che sia in grado di fargli conservare un bel ricordo a brano terminato.

Canzone

Ogni nostra canzone deve rappresentare la nostra identità, la nostra anima, qualcosa che proviene sono da noi e che è difficile o impossibile da replicare.

Tutti gli accadimenti della vita, ogni dolore, ogni gioia, vengono interpretati e assimilati in modo diverso da ognuno di noi. Le emozioni nella musica sono qualcosa di unico, ognuno le tira fuori nel suo modo.

La musica è frugare e toccare con mano ogni frammento sospeso tra felicità e dolore. Questi due elementi si sostengono con un unico filo che sei tu, e la replica di te stesso non esiste. La volontà con la quale unisci le frasi di una strofa proviene dal peso che hanno le emozioni dentro di te, dalla tua positività in quel momento.

La tristezza è l'unione tra potere e fama; a volte un buon testo nasce da questo. Qualche volta alla nostra voglia di essere visti dal mondo, di trasmettere un messaggio chiaro, si unisce una melodia che è il riflesso della nostra anima.

Lasciare che la musica abiti il nostro corpo e la nostra anima, dovrebbe essere qualcosa di cui non potremmo fare a meno, perché dalla combinazione di tutto ciò può nascere qualcosa di immortale.

Purezza ed originalità

La gioventù è il momento della vita in cui il cuore è puro ed innocente, in cui abbiamo meno danni emotivi. In quel periodo eravamo spensierati, sinceri, deboli e, soprattutto, pieni di vita. Vivevamo senza la paura di sbagliare, di esprimerci.

Inserire cuore e purezza nei nostri brani significa frugare nel nostro passato, ascoltando canzoni che hanno marcato la nostra infanzia, canzoni che ci fanno tornare piccoli per un istante, che ci hanno aiutato a superare i momenti difficili e accompagnato nei momenti di gioia. Quelle canzoni ci guidano e ci ispirano. Da una grande ispirazione può nascere un capolavoro.

La natura ci aiuta

La natura è l'angelo che contiene le nostre pene. È un alleato perfetto nei momenti di difficoltà, in cui siamo sommersi da mille pensieri che creano un blocco alla nostra creatività. Stare immersi nei paesaggi, nei fiori, assorbe la nostra negatività e la trasforma in una buona idea da utilizzare per il nostro brano.

Meditazione

Quando tutto sembra non andare bene, le frasi che creiamo non hanno il risultato che speravamo di ottenere, non ci soddisfano. Ecco allora che è arrivato il momento di fare un vuoto nella memoria per poter ripartire. Fare un vuoto in questo caso non significa cancellare il passato, ma fare dimenticare al nostro corpo ogni situazione di negatività e stress che influenza la nostra creatività. Dopo un breve esercizio fisico fare mezzora di meditazione ci svuoterà l'anima da ogni blocco che potremmo avere. Subito dopo ripartiremo con parole che sembreranno cadere dal cielo.

La musica non dorme

Nella nostra vita viviamo tutti delle situazioni molto simili, bisogna imparare a sfruttare quelle situazioni a nostro favore perché faranno bene a noi e a chi ci ascolterà. Per esempio, dopo aver guardato un film o un telefilm emozionante, dopo una lite o una bella notizia che fanno nascere in noi una serie di sentimenti, è ora di pensare alla musica. Perché le emozioni sono contagiose, a volte hanno bisogno di essere innescate. In quel momento è meglio approfittarne, rileggere il testo a cui stavamo lavorando. Fare musica significa sfruttare qualsiasi emozione che proviamo; non importa come queste ci arrivano, usiamole per creare qualcosa di bello per noi e per gli altri. Sembrerà un consiglio banale ma è efficace per creare un brano che lasci il segno.

Ascoltare il passato

La cosa più strana che molti musicisti fanno per trovare l'ispirazione è ascoltare successi del passato. In quei brani gli strumenti e le parole seguono la stessa direzione. Allora gli artisti si affidavano a loro stessi, senza usare le nuove tecnologie di oggi. Le loro canzoni sono oggi immortali proprio per la loro naturalezza ed originalità.

Si può dare corpo al proprio brano prendendo esempio dai vecchi successi, da come sono scritti, dalla scelta degli strumenti che è stata fatta. Questo non significa copiare ma avere dei punti di riferimento per creare qualcosa di bello.

La musica in generale non ha età e non muore mai. Un bel pezzo resiste nella mente delle persone per più di un secolo, cambia solo il modo in cui viene interpretato.

Questo concetto trasmette in noi la vera natura della musica.

Le tue preferite

Ascoltare la nostra canzone preferita mentre facciamo esercizio fisico poco intenso, consente al canale delle nostre emozioni di riaprirsi.

Ascoltare le canzoni preferite prima di andare a letto o appena svegli, è consigliato per fare modifiche ai testi.

Difficoltà e potere nella musica

Cammina lentamente pensando ad un amore perso che ti ha causato rimpianti; o cammina pensando ad una persona a te cara che ti ha abbandonato durante il corso della tua vita; oppure puoi pensare ad un periodo buio della tua vita, ad un trauma finito con lacrime sul pavimento o con tanta solitudine e depressione.

La cosa più bella della musica è che quando le persone ascoltano la nostra musica, possono sentire esattamente le emozioni che provavamo noi quando l'abbiamo scritta. Con la musica portiamo le nostre emozioni ovunque vogliamo. Grazie ad essa, ogni sentimento che abbiamo avuto non si smarrisce nemmeno con il tempo. Questa è la musica. Un mondo di cui tutti possono fare parte, però ognuno nella sua maniera, portando chi è.

Ognuno è libero di decidere come trasmetterla. A volte fare musica vuol dire portare con noi dolore o gioie. Continuare a portare le persone che hanno lasciato un segno nella nostra vita e che ora non ci sono più, e trasmettere qualcosa di loro ogni volta che facciamo musica. Perché loro rappresentano proprio la nostra storia, vissuta con un'infinità di cose da scoprire e condividere.

Scegli sempre te stesso

Ogni canzone ha un messaggio che vuole trasmettere, il tuo messaggio sei tu che lo decidi. La strada più semplice da percorrere sei proprio tu, la persona che sei diventato.

Molte canzoni nascono da una fantasia in cui abbiamo inserito il nostro essere, il nostro savoir faire. Può essere una storia brutta che abbiamo trasformato in una musica bellissima o una storia bellissima trasformata in qualcosa di eterno. Guardando attentamente dentro di noi troveremo le parole e la melodia che ci servono.

Dobbiamo cogliere ogni istante emotivo della nostra vita e farlo vivere all'interno di una canzone. La musica è la sintonia tra il nostro passato e il nostro presente.

La musica è l'universo che ha la nostra anima, non finisce mai. Più la facciamo, più si apre la conoscenza di noi stessi, cosa che ci porta anche la salute mentale e il benessere. Cercando dentro noi stessi, sapremo esattamente dove trovare le parole che ci servono per la nostra canzone.

Parole che avevamo e non uscivano. Sappiamo le parole perché sappiamo dove sono. Ogni canzone di successo è stata scritta con parole profonde, che vengono da lontano, dove c'è da scavare. Le cose che rimangono in superficie non sono quelle che abbiamo da offrire. Diventiamo grandi se diamo quello che gli altri non possono trovare o vedere, questa è la nostra musica.

Tutti possono conoscere una storia ma la differenza la fa come la si racconta. Le frasi che usiamo e il modo in cui la suoniamo, marcherà il nostro passaggio su questa terra.

Quando sentiamo venir fuori le parole di una canzone, se sappiamo suonare uno strumento specifico, automaticamente ci dovrebbe venire un riff o una melodia.

Aggiornare il repertorio emotivo e culturale

La creatività non si ferma, ogni orizzonte della musica va scoperto. Bisogna andare alla ricerca di nuove canzoni, di qualsiasi genere. L'importante è che ci piacciano e che scatenino in noi emozioni, piacere e nuove idee, altri modi di creare la nostra musica.

Non sarà la musica a cercare noi, perché non ha un nome specifico, un indirizzo comune. Abita in ognuno di noi. Si esalta meglio su chi la percepisce e la sente nella sua vera natura. Accettarla trasmettendola nella nostra maniera significa volere rimanere vivi per sempre, vivere per sognare e continuare a sognare facendo sognare altri insieme a noi.

Rendi libera la tua musica.

Guida alla costruzione del brano

Strofa (idea, cuore e anima)

____

____

____

____

____

____

____

Ritornello (sintonia)

____

____

____

____

Strofa (idea, cuore e anima)

Ritornello (sintonia)

Bridge

Ritornello (sintonia)

<u>*Strofa (idea, cuore e anima)*</u>

<u>*Ritornello (sintonia)*</u>

<u>Strofa (idea, cuore e anima)</u>

<u>Ritornello (sintonia)</u>

Bridge

Ritornello (sintonia)

Strofa (idea, cuore e anima)

____

____

____

____

____

____

____

Ritornello (sintonia)

____

____

____

____

Bridge

Ritornello (sintonia)

<u>*Strofa (idea, cuore e anima)*</u>

____

____

____

____

____

____

____

<u>*Ritornello (sintonia)*</u>

____

____

____

____

Bridge

____

____

____

____

Ritornello (sintonia)

____

____

____

____

____

<u>*Strofa (idea, cuore e anima)*</u>

____

____

____

____

____

____

____

<u>*Ritornello (sintonia)*</u>

____

____

____

____

Bridge

Ritornello (sintonia)

Strofa (idea, cuore e anima)

Ritornello (sintonia)

Bridge

Ritornello (sintonia)

Strofa (idea, cuore e anima)

Ritornello (sintonia)

Bridge

Ritornello (sintonia)

Il vero divertimento nella musica è sognare e non smettere mai.

Strofa (idea, cuore e anima)

____

____

____

____

____

____

____

Ritornello (sintonia)

____

____

____

____

<u>Bridge</u>

<u>Ritornello (sintonia)</u>

Strofa (idea, cuore e anima)

Ritornello (sintonia)

<u>Bridge</u>

<u>Ritornello (sintonia)</u>

<u>Strofa (idea, cuore e anima)</u>

<u>Ritornello (sintonia)</u>

Bridge

Ritornello (sintonia)

<u>*Strofa (idea, cuore e anima)*</u>

<u>*Ritornello (sintonia)*</u>

Bridge

Ritornello (sintonia)

<u>Strofa (idea, cuore e anima)</u>

____

____

____

____

____

____

____

<u>Ritornello (sintonia)</u>

____

____

____

____

Bridge

Ritornello (sintonia)

<u>Strofa (idea, cuore e anima)</u>

<u>Ritornello (sintonia)</u>

Bridge

Ritornello (sintonia)

<u>Strofa (idea, cuore e anima)</u>

<u>Ritornello (sintonia)</u>

Bridge

Ritornello (sintonia)

Quando le parole incontrano il cuore, esce
sempre una buona musica

<u>Strofa (idea, cuore e anima)</u>

<u>Ritornello (sintonia)</u>

Bridge

Ritornello (sintonia)

Strofa (idea, cuore e anima)

Ritornello (sintonia)

Bridge

Ritornello (sintonia)

<u>Strofa (idea, cuore e anima)</u>

<u>Ritornello (sintonia)</u>

Bridge

Ritornello (sintonia)

<u>*Strofa (idea, cuore e anima)*</u>

____

____

____

____

____

____

____

<u>*Ritornello (sintonia)*</u>

____

____

____

____

Bridge

Ritornello (sintonia)

<u>Strofa (idea, cuore e anima)</u>

<u>Ritornello (sintonia)</u>

Bridge

Ritornello (sintonia)

<u>*Strofa (idea, cuore e anima)*</u>

____

____

____

____

____

____

____

<u>*Ritornello (sintonia)*</u>

____

____

____

____

Bridge

Ritornello (sintonia)

<u>Strofa (idea, cuore e anima)</u>

<u>Ritornello (sintonia)</u>

<u>Bridge</u>

<u>Ritornello (sintonia)</u>

I fiori sono come la musica,
rimangono belli per
sempre.

<u>*Strofa (idea, cuore e anima)*</u>

<u>*Ritornello (sintonia)*</u>

Bridge

Ritornello (sintonia)

Strofa (idea, cuore e anima)

____

____

____

____

____

____

Ritornello (sintonia)

____

____

____

____

<u>Bridge</u>

<u>Ritornello (sintonia)</u>

Strofa (idea, cuore e anima)

____

____

____

____

____

____

____

Ritornello (sintonia)

____

____

____

____

Bridge

Ritornello (sintonia)

<u>*Strofa (idea, cuore e anima)*</u>

____

____

____

____

____

____

____

<u>*Ritornello (sintonia)*</u>

____

____

____

____

Bridge

Ritornello (sintonia)

<u>Strofa (idea, cuore e anima)</u>

<u>Ritornello (sintonia)</u>

Bridge

Ritornello (sintonia)

Strofa (idea, cuore e anima)

Ritornello (sintonia)

____

____

Bridge

____

____

____

____

Ritornello (sintonia)

____

____

____

____

____

____

Strofa (idea, cuore e anima)

Ritornello (sintonia)

Bridge

Ritornello (sintonia)

A volte la nostra strada è quella che conoscevamo già.

<u>*Strofa (idea, cuore e anima)*</u>

<u>*Ritornello (sintonia)*</u>

Bridge

Ritornello (sintonia)

Strofa (idea, cuore e anima)

Ritornello (sintonia)

Bridge

Ritornello (sintonia)

Strofa (idea, cuore e anima)

____

____

____

____

____

____

____

Ritornello (sintonia)

____

____

____

____

Bridge

Ritornello (sintonia)

Strofa (idea, cuore e anima)

____

____

____

____

____

____

____

Ritornello (sintonia)

____

____

____

____

Bridge

Ritornello (sintonia)

<u>Strofa (idea, cuore e anima)</u>

____

____

____

____

____

____

____

<u>Ritornello (sintonia)</u>

____

____

____

____

<u>Bridge</u>

<u>Ritornello (sintonia)</u>

Strofa (idea, cuore e anima)

____

____

____

____

____

____

____

Ritornello (sintonia)

____

____

____

____

Bridge

Ritornello (sintonia)

<u>*Strofa (idea, cuore e anima)*</u>

____

____

____

____

____

____

____

<u>*Ritornello (sintonia)*</u>

____

____

____

____

Bridge

Ritornello (sintonia)